AF285338

Der Inklusionsbeauftragte im Schwerbehindertenrecht

Bibliografische Information der Deutschen Nationalbibliothek: Die Deutsche Nationalbibliothek verzeichnet diese Publikation in der Deutschen Nationalbibliografie; detaillierte bibliografische Daten sind im Internet abrufbar.

Herstellung und Verlag: BoD - Books on Demand, Norderstedt
ISBN: 9783752670516

Der Inklusionsbeauftragte im Schwerbehindertenrecht

Darstellung der Rolle des Inklusionsbeauftragen nach § 181 SGB IX

Markus Ort

Vorwort

Als Schwerbehindertenvertrauensperson befasse ich mich zwangsläufig regelmäßig mit Fragestellungen im Schwerbehindertenrecht.

Aufgrund des Wunsches unserer Inklusionsbeauftragten aus dieser Funktion entlassen zu werden, war es notwendig, in unserem Unternehmen nach einem anderen geeigneten Kandidaten zu suchen. Da ich in diesem Suchprozess beratend beigezogen war, recherchierte ich zu der Frage, welche Voraussetzungen ein idealer Inklusionsbeauftragter zu erfüllen hat.

Hierbei stellte ich fest, dass die Rolle des Inklusionsbeauftragten – insbesondere aufgrund der knappen Regelungen im Gesetz – teilweise kaum bekannt ist.

Erschwert wird für die Inhaber dieser Funktion noch, dass gerade pädagogische Stellen mitunter inflationär als Inklusionsbeauftragte benannt werden, weil sie sich um die Inklusion und Partizipation von Schwerbehinderten in allen gesellschaftlichen Lebensbereichen kümmern sollen.

Dies hat jedoch nichts mit der Rolle des Inklusionsbeauftragten nach § 181 SGB IX im Schwerbehindertenrecht zu tun.

Um den (betrieblichen) Inklusionsbeauftragten ein kleines Handbuch für ihre Tätigkeit an die Hand geben und damit ihre Arbeit erleichtern zu können, habe ich diese systematische Abhandlung über dieses wichtige Amt verfasst.

In diesem Sinne wünsche ich Ihnen eine informative Lektüre und viel Spaß und Erfolg bei der Ausübung ihres Amtes als Inklusionsbeauftragter.

Markus Ort
14.11.2020

Inhaltsverzeichnis

Abkürzungsverzeichnis

BetrVG = Betriebsverfassungsgesetz

BGB = Bürgerliches Gesetzbuch

SGB IX = Neuntes Buch Sozialgesetzbuch

1 Einleitung

Um auch den Menschen mit einer Schwerbehinderung den Zugang zum Arbeits- und Erwerbsleben und damit Teilhabe in möglichst allen gesellschaftlichen Bereichen zu ermöglichen, hat der Gesetzgeber zum Schutz dieser Menschen Regelungen im dritten Teil des SGB IX (Schwerbehindertenrecht) erlassen.

Im Betrieb ist für die Überwachung und Einhaltung dieses Schwerbehindertenrechts der Inklusionsbeauftragte[1] zuständig.

Dieses Buch möchte kompakt die Rolle des Inklusionsbeauftragten darstellen, um den Inklusionsbeauftragten als Handbuch die Wahrnehmung ihres Amtes zu erleichtern.

Hierzu werden in den einzelnen Kapiteln dieser Arbeit[2] die folgenden Themen untersucht und dargestellt:

---

[1] Vor dem Bundesteilhabegesetz hieß er noch Beauftragter des Arbeitgebers und wurde teilweise auch umgangssprachlich Behindertenbeauftragter genannt.

[2] Nach dieser Einleitung in Kapitel 1.

Kapitel 2 stellt die gesetzliche Grundlage für die Funktion des Inklusionsbeauftragten dar.

Kapitel 3 zeigt auf, für welche Arbeitgeber eine Verpflichtung zur Bestellung eines Inklusionsbeauftragten gilt.

Kapitel 4 benennt die sich aus der Nichtbestellung eines Inklusionsbeauftragten ergebenden Folgen.

Kapitel 5 erläutert die Anzahl der möglicherweise zu bestellenden Inklusionsbeauftragten.

Kapitel 6 diskutiert die notwendigen Kompetenzen und Eigenschaften eines gut geeigneten Kandidaten für das Amt des Inklusionsbeauftragten.

Kapitel 7 zeigt auf, welche Ämter mit dem des Inklusionsbeauftragten unvereinbar sind.

Kapitel 8 stellt dar, wie der Inklusionsbeauftragte durch den Arbeitgeber bestellt wird.

Kapitel 9 geht darauf ein, wem gegenüber der Inklusionsbeauftragte nach seiner Bestellung zu benennen ist.

Kapitel 10 stellt die Aufgaben des Inklusionsbeauftragten vor.

Kapitel 11 geht auf die Rechtsstellung des Inklusionsbeauftragten ein.

Kapitel 12 zeigt auf, mit welchen in- und externen Institutionen der Inklusionsbeauftragte zusammenarbeitet.

Kapitel 13 gibt die Möglichkeiten wieder, wie der Inklusionsbeauftragte aus seinem Amt scheiden kann.

Kapitel 14 zieht ein Fazit über die Rolle des Inklusionsbeauftragten.

Die einzelnen Kapitel dieser Arbeit sind in sich geschlossen. Sie müssen daher nicht zwingend der Reihe nach gelesen werden. Soweit nötig, werden im Text selbst Verweisungen auf andere Kapitel vorgenommen.

Die zur Erstellung der Arbeit verwendete Literatur findet sich im Literatur- und Quellenverzeichnis. Für ein vertiefendes Studium des Schwerbehindertenrechts wird auf die dort aufgeführten Werke verwiesen und ihre Lektüre empfohlen.

Hinweis: Diese Arbeit ist der besseren Lesbarkeit ausschließlich in der maskulinen Form geschrieben worden.

Selbstredend beziehen sich die Formulierungen und Aussagen stets auf alle Geschlechter.

2 Gesetzliche Grundlage des Inklusionsbeauftragten

Die Notwendigkeit zur Bestellung eines Inklusionsbeauftragten findet sich in § 181 SGB IX. Dort heißt es:

> *„Der Arbeitgeber bestellt einen Inklusionsbeauftragten, der ihn in Angelegenheiten schwerbehinderter Menschen verantwortlich vertritt; falls erforderlich, können mehrere Inklusionsbeauftragte bestellt werden. Der Inklusionsbeauftragte soll nach Möglichkeit selbst ein schwerbehinderter Mensch sein. Der Inklusionsbeauftragte achtet vor allem darauf, dass dem Arbeitgeber obliegende Verpflichtungen erfüllt werden.“*

Detaillierter geht der Gesetzgeber auf die Rolle und Funktion des Inklusionsbeauftragten im SGB IX nicht mehr ein. Daher wird in der vorliegenden Arbeit kompakt dargestellt, was es mit dem Inklusionsbeauftragten nach § 181 SGB IX auf sich hat.

3 Pflicht zur Bestellung eines Inklusionsbeauftragten

Soweit es in § 181 Satz 1 Halbsatz 1 SGB IX heißt „Der Arbeitgeber bestellt einen Inklusionsbeauftragten", stellt sich die Frage, ob dies uneingeschränkt für alle Arbeitgeber gilt. Nachfolgend wird diese Pflicht bezüglich ihrer Geltung dargestellt für Unternehmen unterschiedlicher Größe.

3.1 Unternehmen in Form eines Einmannbetriebs

Bereits aus § 181 Satz 1 SGB IX ergibt sich, dass der Inklusionsbeauftragte den Arbeitgeber in Belangen der schwerbehinderten Beschäftigten verantwortlich vertritt.

Dies setzt zwangslogisch bereits voraus, dass es theoretisch schwerbehinderte Beschäftigte geben können muss, damit der Inklusionsbeauftragte diesen gegenüber den Arbeitgeber vertreten kann. Ohne Arbeitnehmer liegt schließlich schon kein Arbeitgeber vor.

Solange ein Unternehmen lediglich aus einem Einmann-
betrieb besteht, gibt es keine Mitarbeiter, denen gegenüber
eine solche Vertretung notwendig und möglich ist. Folglich ist in einem solchen Unternehmen ohne Beschäftigte
kein Inklusionsbeauftragter zu bestellen.

3.2 Unternehmen mit weniger als 20 Arbeitsplätzen

Unternehmen mit jahresdurchschnittlich weniger als 20
Arbeitsplätzen sind gemäß § 154 SGB IX nicht zur Beschäftigung schwerbehinderter Beschäftigter verpflichtet.
Dies führt zu der Frage, ob ein Unternehmen als Arbeitgeber ohne schwerbehinderte Beschäftigte überhaupt einen
Inklusionsbeauftragten benötigt, da ja unter den Arbeit-
nehmern niemand ist, dem gegenüber das Schwerbehindertenrecht einzuhalten ist.

Zwar geht eine juristische Mindermeinung davon aus, dass
für solche Arbeitgeber die Verpflichtung zur Bestellung
eines Inklusionsbeauftragten gerade nicht besteht, da die
Vertretung des Arbeitgebers in Belangen der schwerbehinderten Beschäftigten sonst ins Leere liefe. Diese Argu-

mentation kann allerdings nicht überzeugen, da sich hierfür weder in der Gesetzesbegründung noch im Gesetz selbst Anhaltspunkte finden lassen. Dort ist gerade nicht geregelt dass der Arbeitgeber – um einen Inklusionsbeauftragten bestellen zu müssen – einen schwerbehinderten Arbeitnehmer benötigt

Die Pflicht zur Bestellung eines Inklusionsbeauftragten unabhängig von der tatsächlichen Beschäftigung Schwerbehinderter macht auch unter dem Gesichtspunkt Sinn, dass der Arbeitgeber nicht ausschließen kann, dass unvorhergesehen ein Beschäftigter eine Schwerbehinderung erwirbt. Ferner kann es durchaus vorkommen, dass ein Arbeitgeber einen Arbeitnehmer einstellt, der – aufgrund fehlender Offenbarungspflicht – sich nicht direkt als Schwerbehinderter zu erkennen gibt. Legt er später diesen Status offen, so muss spätestens dann im Unternehmen jemand vorhanden sein, der auf die Einhaltung des Schwerbehindertenrechts achtet. Insofern ist es notwendig, die gegebenenfalls präventive Pflicht zur Bestellung eines Inklusionsbeauftragten auf alle Arbeitgeber zu erstrecken, damit diese über ihn verfügen, sobald er gebraucht wird.

3.3 Unternehmen mit mindestens 20 Arbeitsplätzen

Unternehmen mit jahresdurchschnittlich mindestens 20 Arbeitsplätzen sind gemäß § 154 Abs. 1 SGB IX dazu verpflichtet, mindestens auf 5 % dieser Arbeitsplätze schwerbehinderte Beschäftigte einzusetzen.

Diesen gegenüber hat der Inklusionsbeauftragte den Arbeitgeber verantwortlich zu vertreten. Für Unternehmen dieser Größe wird demzufolge nach herrschender Meinung die Pflicht zur Bestellung eines Inklusionsbeauftragten aufgrund der bestehenden Verpflichtung zur Beschäftigung schwerbehinderter Arbeitnehmer anerkannt.

Ferner gilt das bereits unter 3.2 Erörterte auch für Unternehmen mit einer Beschäftigungspflicht.

4 Folgen der Nichtbestellung des Inklusionsbeauftragten

Wie eben dargestellt, trifft Arbeitgeber grundsätzlich die Verpflichtung einen Inklusionsbeauftragten zu bestellen. Die Folgen eines Verstoßes gegen diese Pflicht werden hier dargestellt.

4.1 Keine Ordnungswidrigkeit

Das Unterlassen der Bestellung eines Inklusionsbeauftragten durch den Arbeitgeber stellt keine Ordnungswidrigkeit oder gar Straftat dar. Entsprechend kann die Bestellung weder erzwungen werden noch gibt es bei einer unterlassenen Bestellung unmittelbar drohende Sanktionen.

4.2 Indiz der Benachteiligung

Wird ein Inklusionsbeauftragter nicht bestellt, kann dies allerdings zu mittelbaren Nachteilen für den Arbeitgeber führen. So kann in einem arbeitsgerichtlichen Prozess die unterlassene Bestellung eines Inklusionsbeauftragten dazu führen, dass das Gericht dies als Indiz für die Benachteiligung eines schwerbehinderten Klägers wertet.

4.3 Haftung des Arbeitgebers für Ordnungswidrigkeiten nach § 238 SGB IX

Bestellt der Arbeitgeber keinen Inklusionsbeauftragten, so haftet er bei Festsetzung eines Bußgeldes aufgrund einer begangenen Ordnungswidrigkeit nach § 238 SGB IX persönlich.

5 Anzahl der Inklusionsbeauftragten

In § 181 Satz 1 SGB IX heißt es, dass der Arbeitgeber sich einen Inklusionsbeauftragten bestellt. Fraglich ist daher, ob er tatsächlich nur einen einzigen Beschäftigten in diese Funktion berufen kann.

Die Anzahl der bestellbaren Inklusionsbeauftragten ist nach oben nicht begrenzt. Gerade bei großen Arbeitgebern deren Unternehmen sich auf eine Vielzahl von Standorten und Betrieben aufteilt, kann es daher durchaus sinnvoll sein, mehrere Inklusionsbeauftragte zu bestellen, um deren Aufgabenwahrnehmung in allen Betrieben zu gewährleisten.

Bestellt der Arbeitgeber mehr als einen Inklusionsbeauftragten, sollte er daran denken im Innenverhältnis zu diesen festzulegen, ob diese nur zusammen oder ob gegebenenfalls jeder Inklusionsbeauftragte für sich verantwortlich vertretungsbefugt sein soll. Regelt der Arbeitgeber dies nicht, so gilt nach dem Gesetz, dass jeder Inklusionsbeauftragte aufgrund der verantwortlichen Vertretung des

Arbeitgebers unbeschränkt vertretungsberechtigt ist und damit allein die Vertretung ausüben kann.

6 Notwendige Kompetenzen und Eigenschaften des Inklusionsbeauftragten

Nachdem nun geklärt ist, ob ein Inklusionsbeauftragter (oder gar mehrere) zu bestellen ist, soll an dieser Stelle nun erörtert werden, über welche Kompetenzen und Eigenschaften ein Beschäftigter verfügen sollte, um diese Funktion sinnvoll und zielführend ausüben zu können.

6.1 Soll selbst schwerbehindert sein

Nach § 181 Satz 2 SGB IX soll der Inklusionsbeauftragte selbst ein schwerbehinderter Mensch sein.

Dies ist keine zwingende Voraussetzung. Es können somit grundsätzlich auch nicht schwerbehinderte Menschen als Inklusionsbeauftragte bestellt werden. Bei der Voraussetzung handelt es sich lediglich um eine Empfehlung beziehungsweise einen Wunsch des Gesetzgebers.

Dem Gesetzgeber ging es bei Formulierung dieser Voraussetzung vielmehr darum, dass ein schwerbehinderter Inklusionsbeauftragter eigene Erfahrungen durch die eigenen Beeinträchtigungen und somit den Blickwinkel eines Schwerbehinderten in seine Arbeit einbringen könnte.

Wenn der Inklusionsbeauftragte selbst nicht schwerbehindert ist, kann er dennoch für die Funktion gut geeignet sein. Er sollte dann allerdings zumindest dazu bereit sein, sich gedanklich auch mit verschiedenen Schwerbehinderungen zu befassen und zu versuchen, die jeweiligen Beeinträchtigungen vor der Umsetzung von Maßnahmen, die die Schwerbehinderten betreffen, abzuschätzen.

6.2 Trifft Personalentscheidungen

Zu den Aufgaben des Inklusionsbeauftragten als verantwortlichem Vertreter des Arbeitgebers gehört es, Entscheidungen im Rahmen der Arbeitsverhältnisse schwerbehinderter Beschäftigter zu treffen. Hierfür notwendig ist es regelmäßig, einen leitenden Mitarbeiter der Personalstelle für die Funktion auszuwählen, da andere Beschäftigte sonst über die Personalstelle hinweg entscheiden könnten. Dies hätte möglicherweise Kompetenzgerangel und Zuständigkeitsüberschneidungen zur Folge.

6.3 Kennt sich aus im Arbeitsrecht

Da der Inklusionsbeauftragte Personalentscheidungen trifft, ist es unabdingbar für ihn, sich auch im Arbeitsrecht auszukennen. Dies folgt daraus, dass für die Arbeitnehmer mit einer Schwerbehinderung zumeist Entscheidungen über die Ausgestaltung von deren Arbeitstätigkeit und Arbeitsplätzen notwendig ist. Das Schwerbehindertenrecht stellt allerdings kein isoliertes Spezialarbeitsrecht dar. Folglich kann es aufgrund des weiterhin geltenden sonstigen Arbeitsrechts nur in Verbindung mit diesem angewandt und umgesetzt werden. Daher muss der Inklusionsbeauftragte fundierte Kenntnisse im Arbeitsrecht mitbringen.

6.4 Kennt sich aus im Schwerbehindertenrecht

Hauptaufgabe des Inklusionsbeauftragten ist es, dafür zu sorgen, dass der Arbeitgeber seine sich aus dem Schwerbehindertenrecht ergebenden Verpflichtungen einhält (siehe hierzu insbesondere auch Kapitel 10 des Buches). Hierfür ist es notwendig, dass der Inklusionsbeauftragte selbst sich mit dem Schwerbehindertenrecht vertraut macht, sofern er es nicht bereits kennt. Nur so lernt er die Verpflichtungen des Arbeitgebers aus diesem Rechtsbereich kennen und kann folglich erst mit deren Kenntnis auf die Erfüllung dieser Verpflichtungen hinarbeiten.

6.5 Benötigt Überblick über sämtliche vorhandene Stellen

Da der Inklusionsbeauftragte mit verantwortlich für die behindertengerechte Ausgestaltung und Organisation der einzelnen Arbeitsplätze von schwerbehinderten Beschäftigten ist, muss er auch einen Überblick über die im Unternehmen vorhandenen Arbeitsplätze haben.

Hierbei geht es im Wesentlichen darum, dass er weiß, auf welchen Stellen welche Anforderungen an die Arbeitnehmer gestellt werden. Ferner muss er wissen, mit welchen Hilfsmitteln gegebenenfalls behinderte Beschäftigte in die Lage versetzt werden können, diese Anforderungen zu erfüllen. Abschließend ist auch erforderlich, dass er die organisatorischen Rahmenbedingungen und die Arbeitsabläufe kennt, da auch durch deren Umgestaltung ein eventuell nicht behindertengerechter Arbeitsplatz zu einem solchen werden kann.

6.6 Verfügt über soziale Kompetenzen

Gerade die Umsetzung des Schwerbehindertenrechts findet oft im Spannungsfeld zwischen den Erwartungen der Arbeitnehmer, den Vorgaben des Arbeitgebers und dazwischen noch den Vorschlägen und Meinungen der Arbeitnehmervertretung sowie der Schwerbehindertenvertretung statt. Teilweise wirken dann auch noch externe Institutionen und Einrichtungen wie zum Beispiel der Integrationsdienst, die Rehabilitationsträger etc. mit.

Gerade um hier eine für alle zufriedenstellende Lösung zu finden, ist eine ausgeprägte Sozialkompetenz notwendig, die es ermöglich, sich auf die Argumente aller Beteiligten einzulassen und auch deren individuelle Standpunkte nachzuvollziehen. Daneben sind Verhandlungs- und

Kommunikationsgeschick sowie die Fähigkeit anderen wirklich zuzuhören unabdingbar.

7 Unvereinbarkeit von Ämtern der Arbeitnehmervertretung mit der Rolle des Inklusionsbeauftragten

Arbeitnehmer können nicht zeitgleich Arbeitgebervertreter sein und einer Arbeitnehmervertretung (zum Beispiel: Betriebs-/Personalrat, Schwerbehindertenvertretung oder Jugend- und Auszubildendenvertretung) angehören. Andernfalls wäre die Wahrnehmung beider Funktionen beeinträchtigt, da der Amtsinhaber möglicherweise in einem unauflöslichen Interessenskonflikt gefangen sein könnte.

Der Inklusionsbeauftragte ist seiner Funktion nach immer Vertreter des Arbeitgebers.

Dies führt dazu, dass ein Mitglied einer Arbeitnehmervertretung, sobald es die Bestellung zum Inklusionsbeauftragten annimmt, sein bisheriges Amt aufgeben sollte.

Umgekehrt ist auch zu beachten, dass der Arbeitgeber einen Inklusionsbeauftragten, welcher für ein Mandat der

Arbeitnehmervertretung kandidiert, von seinem Amt entbinden muss.

Andernfalls könnte er sich gegebenenfalls strafbar machen, weil er die Wahl und später auch die Arbeit einer entsprechenden Arbeitnehmervertretung beeinträchtigt hat (§ 119 Abs. 1 Nr. 1 und Nr. 2 BetrVG).

8 Bestellung des Inklusionsbeauftragten

Die Bestellung eines Inklusionsbeauftragten gehört zu den Entscheidungen des Arbeitgebers, die das Kollektiv der schwerbehinderten Beschäftigten betreffen. Entsprechend ist vor Bestellung des Inklusionsbeauftragten zwingend nach § 178 Abs. 2 Satz 1 SGB IX die Schwerbehindertenvertretung in dieser Sache anzuhören.

Die Bestellung selbst ist formfrei möglich, wird in der Praxis jedoch zumeist schriftlich erfolgen.

Zu beachten ist, dass die Bestellung selbst auf unbestimmte Zeit erfolgt, wenn nicht im Einzelfall eine andere Absprache getroffen wurde.

8.1 Bei arbeitsvertraglicher Verpflichtung zur Übernahme der Funktion

Einerseits gibt es die Möglichkeit, einen Beschäftigten neu einzustellen oder bei einem bereits vorhandenen Mitarbeiter den Arbeitsvertrag durch Abschluss eines Änderungsvertrages so auszugestalten, dass der Beschäftigte die

Rolle des Inklusionsbeauftragten übernimmt. Dies hat für den Arbeitgeber den Vorteil, dass der betroffene Beschäftigte die Übertragung dieser Funktion nicht ablehnen kann, da er zu deren Ausübung arbeitsvertraglich verpflichtet ist.

8.2 Ohne arbeitsvertragliche Verpflichtung zur Übernahme dieser Funktion

Standardmäßig erfolgt die Bestellung des Inklusionsbeauftragten durch eine einseitig empfangsbedürftige Willenserklärung.

Das heißt, dass der Arbeitgeber seinen Wunschkandidaten – nach Anhörung der Schwerbehindertenvertretung – lediglich darüber informieren muss, dass er ihn zu seinem Inklusionsbeauftragten bestellt.

Zu beachten ist hierbei, dass die Bestellung selbst eine Form des Auftrags nach § 662 BGB darstellt. Das führt dazu, dass der auserwählte Arbeitnehmer die Bestellung nicht annehmen und folglich das Amt nicht ausüben muss.

9 Benennung des Inklusionsbeauftragten

§ 163 Abs. 8 SGB IX fordert, dass der Inklusionsbeauftragte – als Verbindungsperson – gegenüber der zuständigen Bundesagentur für Arbeit und auch gegenüber dem zuständigen Integrationsamt unverzüglich nach der Bestellung zu benennen ist.

Hierbei müssen die folgenden Daten übermittelt werden:

- Name des Inklusionsbeauftragten
- Anschrift des Inklusionsbeauftragten
- Betriebliche Stellung des Inklusionsbeauftragten

Unterbleibt die Übermittlung dieser Daten, so ist der Tatbestand der Ordnungswidrigkeit nach § 238 Abs. 1 Nr. 6 SGB IX erfüllt. Diese ist mit einem Bußgeld von bis zu 10.000,00 € bedroht.

10 Aufgaben des Inklusionsbeauftragten

Der Inklusionsbeauftragte ist dafür verantwortlich, zu überwachen und darauf hinzuwirken, dass der Arbeitgeber seine Verpflichtungen aus dem Dritten Teil des SGB IX umsetzt. Hierzu gehören vorrangig die hier dargestellten Pflichten.

10.1 Hinwirken auf Wahl einer Schwerbehindertenvertretung

Gibt es in einem Betrieb keine Schwerbehindertenvertretung, obwohl die Voraussetzungen für die Wahl einer solchen erfüllt sind, ist es Aufgabe eines Inklusionsbeauftragten auf die Wahl einer solchen hinzuwirken und diese zu ermöglichen.

Das hierfür jeweils zu beachtende Verfahren findet sich geregelt in der Wahlordnung für Schwerbehindertenvertretungen.

10.2 Anwesenheit der Schwerbehindertenvertretung bei Besprechungen zwischen Betriebs-/Personalrat und Arbeitgeber ermöglichen

Nach § 178 Abs. 5 SGB IX ist der Schwerbehindertenvertretung die Teilnahme an allen Besprechungen des Betriebs-/Personalrats und des Arbeitgebers zu ermöglichen. Hierzu ist sicherzustellen, dass die Schwerbehindertenvertretung eingeladen wird.

Diese Verpflichtung besteht ungeachtet dessen, ob sich auf der Tagesordnung Themen finden, die einen Bezug zu den schwerbehinderten Beschäftigten aufweisen.

Diese Ladungspflicht beschränkt sich dabei nicht allein auf die so genannten Monatsgespräche. Vielmehr steht der Schwerbehindertenvertretung ein Teilnahmerecht allen Besprechungen zwischen dem Arbeitgeber und dem Betriebs-/Personalrat zu. Es empfiehlt sich daher für den Inklusionsbeauftragten, dafür zu sorgen, dass die Schwerbehindertenvertretung über den Arbeitgeber eine entsprechende Einladung zu den Terminen erhält. So muss sich der Inklusionsbeauftragte nicht darauf verlassen, dass der unabhängige Betriebs-/Personalrat die Ladung vornimmt.

10.3 Schwerbehindertenvertretung behinderungslose Amtsausführung ermöglichen

§ 179 Abs. 2 SGB IX fordert, dass die Schwerbehindertenvertrauensperson ihr Amt ohne Behinderung oder Benachteiligung ausüben können muss. Dazu zählt auch, dass sie in der beruflichen Entwicklung durch den Arbeitgeber weder begünstigt noch benachteiligt wird.

10.4 Abschluss einer Inklusionsvereinbarung

Nach § 166 SGB IX können die Schwerbehindertenvertretung und der Arbeitgeber eine Inklusionsvereinbarung schließen. Diese verfolgt den Zweck, Maßnahmen zu vereinbaren, die die Inklusion Schwerbehinderter in den Betrieb ermöglicht und somit deren Teilhabechancen am Arbeitsleben verbessert.

Bei den notwendigen Verhandlungen und Beratungen über den Abschluss einer solchen Inklusionsvereinbarung wirkt auch der Inklusionsbeauftragte beratend mit.

In einer solchen Vereinbarung können insbesondere Regelungen enthalten sein zu den folgenden Themen:

- Angemessene Berücksichtigung schwerbehinderter Menschen bei der Besetzung freier Stellen,
- Angestrebte Beschäftigungsquote (insbesondere auch unter Berücksichtigung eines Anteils an Frauen),
- Teilzeitarbeit,
- Ausbildung behinderter Jugendlicher,
- Betriebliche Prävention und Gesundheitsförderung,
- Hinzuziehung des Betriebsarztes zur Beratung über Teilhabeleistungen.

10.5 Erfüllung der Beschäftigungspflichtquote

Aus § 154 SGB IX ergibt sich für Arbeitgeber die Verpflichtung, mindestens auf 5 % ihrer Arbeitsplätze schwerbehinderte Menschen zu beschäftigen, sofern sie im Jahresdurchschnitt mindestens über 20 Arbeitsplätze verfügen.

Für einige Arbeitgeber des öffentlichen Dienstes liegt die Quote aus altem weitergeltendem Recht noch bei 6 %.

Kleinunternehmen mit weniger als 20 Arbeitsplätzen im Jahresdurchschnitt haben hingegen keine Verpflichtung, Schwerbehinderte zu beschäftigen.

Wird die jeweils zu erfüllende Quote nicht erreicht, so haben die Arbeitgeber dafür eine Ausgleichsabgabe zu entrichten. Deren Höhe hängt davon ab, um wie viele schwerbehinderte Beschäftigte die Beschäftigungspflichtquote nicht erfüllt wird.

10.6 Einstellung/Beschäftigung besonders betroffener Schwerbehinderter

In § 155 SGB IX werden die Arbeitgeber, welche zur Beschäftigung von schwerbehinderten Menschen nach § 154 SGB IX verpflichtet sind, dazu verpflichtet, in angemessenem Umfang auch solche Schwerbehinderte zu beschäftigen, die besonders benachteiligt sind auf dem allgemeinen Arbeitsmarkt.

Hierzu zählen exemplarisch schwerbehinderte Menschen:

-   ab einem Alter von 50 Jahren,
-   die aufgrund ihrer Behinderung keine Berufsausbildung durchlaufen können,

- mit einem Grad der Behinderung von mindestens 50 allein aufgrund einer psychischen oder seelischen Beeinträchtigung,
- die aufgrund der Behinderung dauerhaft offensichtlich eine verminderte Arbeitsleistung erbringen können (eine solche wird ab einer Leistungsminderung von circa 30 % gegenüber einem durchschnittlichen nicht behinderten Mitarbeiter angenommen),
- deren Beschäftigung aufgrund ihrer Behinderung für den Arbeitgeber dauerhaft außergewöhnliche Aufwendungen verursacht,
- die behinderungsbedingt dauerhaft einer besonderen Hilfskraft bedürfen, um ihrer Beschäftigung nachgehen zu können.

Die genannten Personengruppen sind auch bei der Besetzung von Ausbildungsplätzen zu berücksichtigen, soweit der Arbeitgeber Ausbildungen anbietet.

10.7 Prüfung, ob freie Arbeitsplätze geeignet sind für eine Besetzung durch Schwerbehinderte

Nach § 164 Abs. 1 Satz 1 SGB IX haben alle Arbeitgeber – unabhängig von einer bestehenden Beschäftigungspflicht nach § 154 SGB IX – bei freien oder frei werdenden Stellen zu prüfen, ob diese Arbeitsplätze dazu geeignet sind, durch einen Menschen mit Schwerbehinderung besetzt zu werden.

Diese Verpflichtung greift nicht etwa erst dann, wenn sich ein entsprechender Bewerber findet, sondern setzt bereits im Vorfeld ein. So hat der Arbeitgeber diese Besetzungsmöglichkeit bereits dann zu prüfen, wenn er plant, die freie oder freiwerdende Stelle zu besetzen.

Regelmäßig wird die Prüfung zu dem Ergebnis führen, dass eine Stelle nicht per se ungeeignet ist, um durch einen Schwerbehinderten angetreten zu werden. Vielmehr ist erforderlich zu ermitteln, hinsichtlich welcher konkreten Beeinträchtigungen trotz etwaiger Nachteilsausgleiche oder Arbeitshilfen eine Aufgabenwahrnehmung ausnahmsweise gerade nicht möglich sein wird.

10.8 Erörterung der Bewerbungen Schwerbehinderter mit der Schwerbehindertenvertretung

Gemäß § 164 Abs. 1 Satz 4 und 7 SGB IX hat der Arbeitgeber die Bewerbungen der Menschen mit einer Schwerbehinderung mit der Schwerbehindertenvertretung zu erörtern.

Hierbei ist darauf zu achten, dass die Erörterung umfassend, direkt und rechtzeitig erfolgt. Dies setzt voraus, dass die Bewerbungen erörtert werden, bevor der Arbeitgeber sich für einen konkreten Bewerber entschieden hat.

10.9 Behindertengerechte Beschäftigung für die schwerbehinderten Arbeitnehmer gewährleisten

Nach § 164 Abs. 4 SGB IX hat jeder schwerbehinderte Beschäftigte einen Anspruch darauf, so eingesetzt zu werden, dass er seine (beruflichen) Fähigkeiten und Kenntnisse möglichst voll verwerten und weiterentwickeln kann.

Ferner ist ihm bei innerbetrieblichen Bildungsmaßnahmen – bei ansonsten wesentlicher gleicher Eignung – bevorzugt gegenüber einem nichtschwerbehinderten Kollegen die Teilnahme zu ermöglichen.

Die Teilnahme an außerbetrieblichen Maßnahmen der beruflichen Bildung hat der Arbeitgeber in zumutbarem Umfang erleichtert zu ermöglichen.

Bei Bedarf ist der Arbeitgeber ferner dazu verpflichtet, den Arbeitsplatz mit den technischen Mitteln und den organisatorischen Bedingungen so zu gestalten, dass der schwerbehinderte Beschäftigte dort seiner Arbeit nachgehen kann.

Für interessierte Leser sei aufgrund der Komplexität der behindertengerechten Beschäftigung auf das Buch „Behindertengerechte Beschäftigung in Deutschland" verwiesen.

10.10 Beachtung der Umsetzung der sonstigen Rechte schwerbehinderter Beschäftigter

Abschließend gehört es noch zu den Aufgaben des Inklusionsbeauftragten dafür zu sorgen, dass die schwerbehinderten Beschäftigten auch ihre sonstigen Rechte in Anspruch nehmen können. Dazu zählen beispielsweise:

- Die Freistellung von Mehrarbeit (§ 207 SGB IX)
- Die Gewährung von Zusatzurlaub (§ 208 SGB IX)
- Die Teilnahme der Schwerbehinderten an einer Versammlung der Schwerbehinderten (§ 178 Abs. 6 SGB IX)

11 Rechtsstellung des Inklusionsbeauftragten

Der Inklusionsbeauftragte ist hinsichtlich seiner Rechtsstellung ein Vertreter des Arbeitgebers. In dessen Namen gibt er auch rechtsverbindliche Erklärungen (Entscheidungen in den Belangen der Schwerbehinderten) ab.

Diese Vertretungsmacht kann im Außenverhältnis nicht beschränkt werden, da er ja nach § 181 SGB IX gerade der verantwortliche Vertreter des Arbeitgebers ist. Im Innenverhältnis hingegen ist er als Beschäftigter seines Arbeitgebers dessen Weisungen unterworfen.

Der Arbeitgeber hat gegenüber dem Inklusionsbeauftragten für ein Auswahl- und Überwachungsverschulden einzustehen. Daraus ergibt sich, dass der Arbeitgeber nicht einfach irgendwen zum Inklusionsbeauftragten bestellen kann, um die Funktion formal besetzt zu haben. Vielmehr wird erwartet, dass der Arbeitgeber sich bewusst für einen Kandidaten entscheidet, der über die notwendigen Kenntnisse und Fertigkeiten sowie die organisatorische Stellung verfügt, um der Funktion des Inklusionsbeauftragten gerecht werden zu können.

Entsprechend hat der Arbeitgeber daher auch die Verpflichtung, dem Inklusionsbeauftragten die Teilnahme an entsprechenden Fortbildungsveranstaltungen zu ermöglichen.

Anders als den gewählten Arbeitnehmervertretungen steht dem Inklusionsbeauftragten – da er dem Arbeitgeberlager angehört – kein besonderer Kündigungsschutz zu.

Etwaige Rechtsstreitigkeiten über das Ausmaß seiner Beauftragung sowie über die sich aus der Bestellung ergebenden Rechte und Pflichten hat er gegen seinen Arbeitgeber vor dem Arbeitsgericht zu führen.

12 Zusammenarbeit des Inklusionsbeauftragten mit weiteren Institutionen

Der Inklusionsbeauftragte hat in seiner Arbeit mit den unterschiedlichsten in- und externen Stellen und Institutionen zusammen zu arbeiten. Die relevantesten davon werden hier dargestellt.

12.1 Interne Stellen

Unternehmensintern hat der Inklusionsbeauftragte insbesondere mit der Schwerbehindertenvertretung und dem Betriebs-/Personalrat sowie dem Arbeitgeber zusammen zu arbeiten. Gemäß § 182 Abs. 1 SGB IX arbeiten diese Stellen eng zusammen.

Diese enge Zusammenarbeit ist insbesondere dadurch gekennzeichnet, dass sich die Beteiligten regelmäßig und umfassend informieren und über aktuelle sowie geplante Vorhaben unterrichten. Die genannten Stellen sind somit in alle relevanten Entscheidungsprozesse von Anfang an einzubinden.

Auch die Arbeitnehmervertretungen haben im Rahmen der engen Zusammenarbeit den Inklusionsbeauftragten umfassend und rechtzeitig zu informieren.

In Unternehmen mit Stufenvertretungen (zum Beispiel mit Konzern-, Gesamt-, Bezirks- und Hauptschwerbehindertenvertretung) bezieht sich das Gebot der engen Zusammenarbeit auf alle vorhandenen Stufen der Arbeitnehmervertretungen.

12.2 Externe Stellen

Nach § 182 Abs. 2 SGB IX ist der Inklusionsbeauftragte – genau wie die Schwerbehindertenvertretung – eine Verbindungsperson zur Bundesagentur für Arbeit sowie zum Integrationsamt.

Als solche hat er bei Bedarf die Möglichkeit, immer direkt Kontakt zu den entsprechenden Behörden aufzunehmen, ohne dass er hierfür Rücksprache mit dem Arbeitgeber halten oder damit die Personalstelle beauftragen muss.

In dieser Funktion als Verbindungsperson ist vordergründig die Aufgabe wahrzunehmen, mit dem Schwerbehindertenvermittler der Agentur für Arbeit einen Austausch über mögliche Vermittlungsvorschläge zur Besetzung freier Stellen zu führen.

Daneben kann er auch in den Belangen des Schwerbehindertenrechts unmittelbar Kontakt zu den Rehabilitationsträgern aufnehmen. Auch mit diesen hat er, soweit es für die Erfüllung seiner Aufgaben im Einzelfall notwendig ist, zusammen zu arbeiten.

Zu den Rehabilitationsträgern gehören:

- Gesetzliche Krankenversicherung,

- Gesetzliche Unfallversicherung,

- Gesetzliche Rentenversicherung,

- Kriegs- und Wehrdienstopferversorgung.

13 Abberufung des Inklusionsbeauftragten

Das Amt des Inklusionsbeauftragten unterliegt keiner Amtsperiode. Vielmehr handelt es sich bei ihm um eine dauerhaft wahrzunehmende Funktion. Daher soll an dieser Stelle aufgezeigt werden, welche Möglichkeiten es gibt, den einmal bestellten Inklusionsbeauftragten von der Wahrnehmung dieses Amtes zu entbinden.

13.1 Auf Initiative des Arbeitgebers

Wie in Kapitel 4 dargestellt, wird der Inklusionsbeauftragte regelmäßig durch eine einseitige empfangsbedürftige Willenserklärung bestellt. So wie der Arbeitgeber einen Arbeitnehmer zu seinem Inklusionsbeauftragten ernennt, kann er ihn auch wieder abberufen. Einen Abberufungsgrund benötigt er hierfür nicht. Die Abberufungserklärung kann jederzeit formfrei erfolgen.

Hat der Arbeitgeber mit seinem Inklusionsbeauftragten arbeitsvertraglich vereinbart, dass der Beschäftigte diese

Funktion wahrnehmen soll, so kann er hingegen nicht allein durch den Zugang seiner Abberufungserklärung den Inklusionsbeauftragten von seiner Funktion entbinden. Vielmehr muss in diesen Fällen entweder der Arbeitsvertrag zwischen den Parteien durch einen Änderungsvertrag angepasst oder aber eine (Änderungs-)Kündigung ausgesprochen werden.

Möchte der Arbeitgeber den Inklusionsbeauftragten abbestellen, so hat er allerdings vor Ausspruch der Abberufung noch die Schwerbehindertenvertretung gemäß § 178 Abs. 2 Satz 1 SGB IX anzuhören, da die Entscheidung über die Abberufung des Inklusionsbeauftragten die Angelegenheiten des Kollektivs der schwerbehinderten Beschäftigten berührt.

Sollte die Abberufung den Inklusionsbeauftragten selbst benachteiligen, so ist vor dem Vollzug dieser Entscheidung der Betriebsrat (beziehungsweise der Personalrat) anzuhören, da diesem gegebenenfalls ein Zustimmungsverweigerungsrecht zum Schutz des Betroffenen zusteht (§ 95 Abs. 3 BetrVG in Verbindung mit § 99 Abs. 2 Nr. 4 BetrVG).

13.2 Auf Initiative des Inklusionsbeauftragten

Der Inklusionsbeauftragte als Arbeitnehmer kann gegenüber seinem Arbeitgeber das Amt des Inklusionsbeauftragten jederzeit einseitig niederlegen.

Diese Möglichkeit gilt allerdings nur dann, wenn der bestellte Inklusionsbeauftragte nicht arbeitsvertraglich zur Wahrnehmung dieser Funktion verpflichtet ist. Wurde im Arbeitsvertrag festgelegt, dass der Arbeitnehmer als Inklusionsbeauftragter tätig wird, so kann er dieses Amt nicht einseitig niederlegen. Vielmehr müsste er im Einvernehmen mit dem Arbeitgeber einen Änderungsvertrag abschließen oder diesem gegenüber die (Änderungs-)Kündigung aussprechen, um das Amt niederlegen zu können.

13.3 Auf Initiative der Arbeitnehmervertretungen

Weder dem Betriebs-/Personalrat noch der Schwerbehindertenvertretung steht das Recht zu, den Inklusionsbeauftragten abbestellen zu lassen.

Stellen diese fest, dass der Inklusionsbeauftragte seiner Funktion nicht gerecht wird, so können sie lediglich dem Arbeitgeber gegenüber ihre Bedenken darlegen. Ob dieser dann an seinem bestellten Inklusionsbeauftragten festhält oder die vorgebrachten Bedenken zum Anlass einer Abberufung nimmt, bleibt hingegen allein ihm überlassen.

14 Schlussbetrachtung

Nach Betrachtung dieser kompakt dargestellten Fragestellungen und Teilaspekte zur Rolle des Inklusionsbeauftragten im Schwerbehindertenrecht lässt sich feststellen, dass es sich für alle Arbeitgeber empfiehlt, einen Inklusionsbeauftragten zu bestellen.

Hierbei sollten sie darauf achten, dass sie nicht einfach – pro forma – irgendeinen Beschäftigten in diese Funktion berufen. Vielmehr sollte der Inklusionsbeauftragte der Stellung im Unternehmen nach sowie auch aufgrund seiner Kenntnisse im Schwerbehinderten- und Arbeitsrecht in der Lage sein, Personalentscheidungen zu treffen.

Neben der Auswahl und Bestellung des Inklusionsbeauftragten ist es dann auch Aufgabe des Arbeitgebers, diesen in den für die Tätigkeit notwendigen Themenfelder aus- und fort zu bilden sowie ihn in seiner Amtsausführung zu überwachen.

Ferner ist eine gute Zusammenarbeit mit den unternehmensinternen Arbeitnehmervertretungen sowie mit den externen Behörden und Rehabilitationsträgern durch den Inklusionsbeauftragten an zu streben.

Sollte sich herausstellen, dass der Inklusionsbeauftragte seiner Rolle nicht gewachsen ist, so kann er entweder das Amt abgeben oder vom Arbeitgeber abberufen werden.

Literatur- und Quellenverzeichnis

Besgen, Nicolai: Schwerbehindertenrecht, Arbeitsrechtliche Besonderheiten, 3. Auflage, Berlin, 2018

Dau, Dirk, Düwell, Franz Josef, Joussen, Jacob: Sozialgesetzbuch IX, 5. Auflage, Baden-Baden, 2019

Däubler, Wolfgang et al: Arbeitsrecht, Individualarbeitsrecht mit kollektivrechtlichen Bezügen. Handkommentar, 3. Auflage, Baden-Baden, 2013

Feldes, Werner et al: Schwerbehindertenrecht, Basiskommentar zum SGB IX mit Wahlordnung, 14. Auflage, Frankfurt am Main, 2018

Feldes, Werner, Ritz, Hans-Günther, Schmidt, Jürgen: Die Praxis der Schwerbehindertenvertretung von A bis Z, 5. Auflage, Frankfurt am Main, 2010

Greß, Jürgen: Schwerbehindert, Meine Rechte: Wohnen, Arbeiten, Steuern und Mobilität, 2. Auflage, München, 2013

Knittel, Bernhard: SGB IX, Rehabilitation und Teilhabe behinderter Menschen und Allgemeines Gleichstellungsgesetz Kommentar, 11. Auflage, Köln, 2017

Kossens, Michael, von der Heide, Dirk, Maaß, Michael: SGB IX, 4. Auflage, München, 2015

Marburger, Horst: SGB IX Rehabilitation und Teilhabe behinderter Menschen, Vorschriften und Verordnungen mit praxisorientierter Einführung, 10. Auflage, Regensburg, 2013

Minninger, Norbert et al: Rechte behinderter Menschen, Der Ratgeber für Betroffene, Angehörige und Interessenvertretungen, 3. Auflage, Frankfurt am Main, 2013

Müller-Glöge, Rudi, Preis, Ulrich, Schmidt, Ingrid: Erfurter Kommentar zum Arbeitsrecht, 18. Auflage, München, 2018

Müller-Wenner, Dorothee, Winkler, Jürgen: SGB IX Teil 2 Schwerbehindertenrecht Kommentar, 2. Auflage, München, 2011

Neumann, Dirk, Pahlen, Ronald, Majerski-Pahlen, Monika: SGB IX, 14. Auflage, München, 2020

Walhalla Fachredaktion: Bundesteilhabegesetz Reformstufe 2: Das neue SGB IX, 1. Auflage, Regensburg, 2018

ZB Lexikon: ABC Fachlexikon, 6. Auflage, Wiesbaden, 2018

Literaturempfehlungen

Ort, Markus: Behindertengerechte Beschäftigung in Deutschland, Welche Rechte haben Menschen mit Be-hinderung auf dem Arbeitsmarkt?, 1. Auflage, Mün-chen, 2018

Inhalt: Das Buch beschäftigt sich damit, wie die be-hindertengerechte Beschäftigung nach § 164 Abs. 4 SGB IX gestaltet werden kann. Daneben zeigt es auf, welche Vorteile sich für die Arbeitnehmer und Arbeit-geber aus einer solchen behindertengerechten Be-schäftigung ergeben.

Ort, Markus: Vermeidung einer Diskriminierung behin-derter Arbeitnehmer insbesondere im Rahmen des Einstellungsverfahrens des öffentlichen Dienstes, Eine Darstellung der Rechtslage und kritische Analyse, 2. Auflage, Norderstedt, 2016

Inhalt: Das Buch beschäftigt sich mit der Frage, was Arbeitgeber des öffentlichen Dienstes bei der Stellen-besetzung alles zu beachten haben, um sich nicht auf-grund einer etwaigen Diskriminierung behinderter Be-werber angreifbar zu machen.

Anlagen

Anlagenverzeichnis

<u>Anlage 1: § 181 SGB IX:</u>

Der Arbeitgeber bestellt einen Inklusionsbeauftragten, der ihn in Angelegenheiten schwerbehinderter Menschen verantwortlich vertritt; falls erforderlich, können mehrere Inklusionsbeauftragte bestellt werden. Der Inklusionsbeauftragte soll nach Möglichkeit selbst ein schwerbehinderter Mensch sein. Der Inklusionsbeauftragte achtet vor allem darauf, dass dem Arbeitgeber obliegende Verpflichtungen erfüllt werden.

Raum für Notizen

_____

_____

_____

_____

_____

_____

_____

_____

_____

_____

_____

_____

_____

_____

_____